AUX ENFANTS.

LEÇON A ÉPELER.

Mes chers enfants,

La lec-tu-re est bi-en l'ob-jet le plus pé-ni-ble, le plus a-ri-de, le plus re-bu-tant de votre â-ge ; mais, quand un jour vous re-con-naî-trez que c'est la clef de tou-tes les sci-en-ces, le seul mo-yen de ré-us-sir dans les arts, com-bien ne vous es-ti-me-rez-vous pas heu-reux d'avoir vain-cu tou-tes ces dif-fi-cul-tés ! Com-bien n'au-rez-vous pas d'o-bli-ga-tions à ceux qui vous au-ront gui-dés dans cet-te car-riè-re, a-pla-ni le chemin, et ai-dé à sur-mon-ter tous les obs-ta-cles ! Ce n'est que dans quel-ques an-nées que vous pour-rez ap-pré-cier le mé-ri-te de la lec-tu-re, lors-qu'a-vec son se-cours vous pour-rez ren-dre hom-ma-ge au Cré-a-teur de tou-tes choses ; con-naî-tre, en li-sant les saints li-vres, tou-te l'é-ten-due de ce qu'il a fait pour vous, et les mo-yens de lui en té-moi-gner vo-tre re-con-nais-san-ce.

Par la lec-tu-re, vous pour-rez pré-ten-dre à tou-tes les con-nais-san-ces. Ou-tre la per-fec-tion que vous ac-quer-rez, dans l'é-tat que vous em-bras-se-rez, la Gé-o-gra-phie vous fe-ra con-naî-tre les di-vers ha-bi-tants de la ter-re; et l'His-toi-re, en vous fai-sant le ré-cit de leurs ac-tions, vous di-ra cel-les que vous de-vez i-mi-ter et cel-les que vous de-vez re-je-ter. C'est là que vous pour-rez pui-ser la vraie sa-ges-se, qui vous fe-ra ché-rir de vos pa-rents et ai-mer de tout le monde.

CE QU'ON DOIT APPRENDRE

AUX ENFANTS.

—

Comme ce sont les premières leçons qui restent le plus profondément gravées dans la mémoire, en apprenant à lire à un enfant, on doit tâcher de lui inculquer les premières notions qui doivent faire souvent le bonheur de sa vie. Je mets au premier rang la vertu, comme la qualité la plus essentielle à l'homme pour acquérir l'estime et l'affection de ses semblables. Pour l'exciter dans le cœur d'un enfant, il faut de bonne heure lui donner une véritable idée de Dieu, en lui inspirant l'amour et le respect pour un Être aussi parfait. Dites-lui bien que Dieu a fait et gouverne toutes choses, qu'il entend tout, qu'il voit tout, et qu'il comble de prospérités ceux qui l'aiment et qui obéissent à sa volonté. Obligez-le ensuite à dire exactement la vérité, et portez-le par toutes sortes de moyens à être doux, bienfaisant; faites-lui bien entendre qu'on lui pardonnera plutôt vingt fautes qu'une seule qu'il voudra cacher en déguisant la vérité.

En suivant ces principes, vous aurez un Élève vertueux, prudent, poli et instruit; c'est le but où doivent tendre tous les vœux d'un Instituteur sage et éclairé.

FABLES A ÉPELER.

LE MOINEAU ET SES PETITS.

Un Moi-neau a-vait pla-cé son nid dans le trou d'un mur. Au-cu-ne bête mal-fai-san-te n'y pou-vait par-ve-nir.

Le Moi-neau é-le-vait tran-quil-le-ment sa fa-mil-le. Il au-rait é-té heu-reux si ses pe-tits eus-sent vou-lu l'é-cou-ter; mais à cha-que ins-tant ils ve-naient sur le bord du nid; le pau-vre oi-seau trem-blait dans la crain-te de les voir tom-ber.

Il vou-lait les re-te-nir dans le fond du nid, mais ils ne le vou-laient point.

Un jour qu'il é-tait sor-ti, ils se fi-rent un plai-sir de lui dé-so-bé-ir. Ils s'é-loi-gnè-rent plus que les pre-miè-res fois, et fu-rent très loin. N'ayant pas en-co-re de plu-mes aux ai-les, ils ne pu-rent vo-ler, et tom-bè-rent à ter-re.

Alors ils se re-pen-ti-rent bi-en de leur im-pru-den-ce, mais il n'é-tait plus temps.

Un gros chat, qui pas-sait par là, les cro-qua sur-le-champ. Ce fut ain-si qu'ils fu-rent pu-nis de leur dé-so-bé-is-san-ce.

Ce-la vous ap-prend, en-fants, qu'il faut o-bé-ir à vos pères et mères, et ne rien en-tre-pren-dre sans les con-sul-ter.

HISTOIRE

Des Arts et Métiers représentés dans ce Livret.

A. AGRICULTEUR.

C'est l'homme qui cultive la terre, qui fait venir le blé et les autres grains qui nous nourrissent.

L'agriculture est le premier des arts, parce qu'il est le plus utile. Le premier besoin de l'homme est de se nourrir; le reste ne vient qu'après : l'agriculture est donc la base de la société. Respectez l'homme qui s'y livre, comme étant le plus utile à ses semblables.

Il mérite notre reconnaissance sous un autre rapport encore : c'est que ses travaux sont pénibles, et qu'ils durent toute l'année. A la moisson succède la vendange; à peine est-elle finie, que l'Agriculteur attelle ses bœufs à sa charrue et laboure la terre : il sème ensuite. L'hiver vient ; cette saison ne lui laisse point de repos. Il porte alors du fumier dans les champs où il n'a rien semé. Ce fumier rend à la terre sa force et sa graisse, qu'elle avait épuisées en produisant.

Au printemps on donne le premier labour qui enterre le fumier, ou bien on sème les avoines, les orges, et plusieurs autres grains. Pendant l'été on n'est pas plus heureux.

Si l'intempérie des saisons, la grêle et autres fléaux destructeurs ont respecté ses propriétés, c'est alors que commencent les travaux les plus rudes ; toute la campagne est en mouvement ; on coupe les blés, on fauche les avoines, on les lie en bottes, on les porte dans la grange. Il fait une chaleur excessive ; mais les moments sont précieux ; il ne faut point les perdre ; et, depuis le point du jour jusqu'à la nuit, le moissonneur, courbé vers la terre, répand ses sueurs pour assurer l'existence à ses semblables. L'homme des champs, sous tous les rapports, est le plus utile à la société.

B. BOULANGER.

Après la récolte du blé vient naturellement l'art de le moudre, dont nous parlerons, et ensuite celui de le réduire en pain.

Le Boulanger a une espèce de coffre qu'on appelle pétrin. C'est dans ce coffre qu'on met la farine, que l'on délaie avec de l'eau, et dont on fait une pâte assez ferme. On a eu soin de délayer en même temps avec cette pâte le levain. Le levain est un morceau de pâte aigrie, et que l'on conserve depuis quelques jours : mêlé à la pâte nouvelle, il la fait fermenter, c'est-à-dire gonfler ; ce qui la rend plus légère, et donne au pain ces yeux ou trous dont il est rempli. Sans le levain la pâte resterait matte, et le pain serait lourd, dur, et n'aurait point cette saveur qui nous le rend agréable.

Quand la pâte est bien pétrie, on la coupe par morceaux, auxquels on donne la forme que le pain doit avoir ; on met ces morceaux dans des corbeilles que l'on place dans un endroit un peu chaud, pour laisser à la pâte le temps de lever ou de se gonfler, comme nous l'avons dit.

C'est dans cette intervalle que l'on chauffe le four, c'est-à-dire que l'on fait brûler dedans certaine quantité de bois. Quand il est assez chauffé, on en retire les cendres et les charbons, et on y place les morceaux de pâte, qui bientôt prennent une belle couleur dorée et appétissante. La chaleur pénètre sous cette croûte, et le pain cuit sans brûler. Quand il est bien cuit, on le retire avec une pelle de bois, et c'est alors qu'il sert à nos besoins. Le pâtissier est encore une espèce de boulanger, qui avec la fleur de la farine, des œufs, etc., fait mille gourmandises, telles que les pâtés, tourtes, brioches, etc.; mais son art est infiniment au-dessous de l'utilité du premier, et nuit souvent à la santé.

C. CHARRON.

Le Charron est l'ouvrier qui fait des carrosses, des charrettes, des chariots, des charrues. Le charpentier travaille, comme lui, le bois, mais d'une autre manière; c'est lui qui fait le comble des maisons, les solives, etc. Le menuisier met également le bois en œuvre; mais son travail est bien plus délicat, et demande beaucoup plus d'art : il fait les boiseries des appartements. Le tourneur a encore une autre partie; il arrondit le bois, fait des chaises, des lits et plusieurs ouvrages de ce genre.

De tous ces ouvriers, le charron paraît en quelque sorte le moins industrieux; mais il n'est pas le moins nécessaire, et tient par conséquent une place distinguée parmi les hommes utiles. Le plus difficile de son travail est de faire une roue; il emploie ordinairement pour cet ouvrage du bois d'orme, parce qu'il est dur, serré, et ne se fend point. Il fait d'abord plusieurs morceaux qu'il évide un peu avec sa hache et sa plane : ces morceaux se nomment jantes : il réunit ensuite tous ces morceaux un peu courbés, et en forme une roue au moyen de plusieurs rayons qui vont des jantes au moyen, ou gros morceau de bois percé et arrondi qui se trouve au milieu.

Sur deux roues il monte une charrette, et voilà de quoi rentrer les moissons dans les granges, porter les fruits à la ville, et rendre mille autres services aussi importants. Vous voyez comment les métiers les plus grossiers en apparence sont précisément ceux dont l'utilité est la plus reconnue.

Ce n'est point au milieu des déserts de la Thébaïde, ni dans les climats brûlants du midi, ce n'est point au milieu des glaces du nord, ni parmi les peuples sauvages, qui n'ont point besoin des ressources de l'industrie, que la première idée des voitures à pris naissance. C'est chez les peuples agriculteurs, chez les nations civilisées que la nécessité d'abord, et ensuite la commodité, ont fait imaginer cette multitude de voitures différentes, connues sous les noms de traîneaux, tombereaux, chariots, charrettes, haquets, coches, etc., dont la forme varie suivant leur usage, et selon les lieux qu'elles ont à parcourir.

D. DISTILLATEUR.

Le Distillateur tire du vin l'eau-de-vie, et fait nombre d'autres liqueurs. Il sait aussi exprimer des fleurs des odeurs délicieuses; ainsi l'eau de rose, de jasmin et d'œillet, grâce au distillateur, nous font jouir, au cœur de l'hiver, des parfums de la rose, du jasmin et de l'œillet.

Lorsque l'on veut avoir la quintessence d'une liqueur, on la met sur le feu, et c'est la vapeur ou la fumée humide qui s'en élève, et que l'on conduit dans un autre vase par le moyen d'un tuyau, qui forme cette quintessence. La distillation, à l'aide de ses alambics, nous donne les esprits des grains, les odeurs des fleurs et les liqueurs spiritueuses.

E. ÉPICIER.

L'Épicier est ainsi nommé, parce qu'il vend des épices, telles que poivre, girofles, muscades ; il vend aussi des drogues, des aromates, de la canelle, du sucre, des huiles, du vinaigre, et nombre d'autres denrées qui entrent dans nos premiers besoins.

Dans la société, l'intérêt des hommes a tout disposé avec un art admirable ; les uns fabriquent les marchandises, les autres les vendent ; et ainsi chacun est occupé, et trouve à gagner de quoi subsister.

Vous ne vous doutez pas combien il a fallu de peines, de travaux, de voyages et de risques pour approvisionner le magasin seul de l'Epicier qui est au coin de votre rue. Bornons-nous seulement au sucre ; il a fallu aller couper en Amérique la canne d'où on le tire. Pour le préparer, on s'est servi des hommes noirs de l'Afrique ; et que de sueurs n'ont pas répandues ces infortunés pour nous procurer quelques minutes de volupté! Que de naufrages n'ont pas été le prix de ceux qui courent les risques du transport!

F. FERBLANTIER.

Le fer-blanc est une espèce de fer plus doux que l'autre, que l'on aplatit, et qui est à peine plus épais qu'une feuille de papier.

L'ouvrier qui le met en œuvre s'appelle Ferblantier; il fait avec ce fer nombre d'ustensiles, surtout de cuisine, tels que des assiettes, des vases, des écumoires, des lèchefrites, des casseroles, etc.

La manière usitée en Allemagne de faire le fer-blanc a été longtemps un secret; mais enfin on est parvenu à s'assurer qu'il ne s'agissait que de procurer une espèce de rouille aux feuilles, pour enlever l'épiderme qu'elles contractent sous le marteau; on les lave avec du sable, et on les trempe chaudes dans de l'étain en fusion, où se trouvent du suif et du noir de fumée.

G. GAZIER.

Qu'il est joli ce voile transparent! c'est de la gaze. Comme elle produit un admirable effet, lorsqu'elle est placée sur une robe rose ou bleue! c'est une parure agréable dont les dames savent tirer un grand parti.

Le Gazier fait la gaze à peu près comme le Tisserand fait la toile, à la différence qu'il écarte beaucoup plus les fils, et qu'il met dessus un apprêt ou gomme qui, en les tenant à une distance égale, donne à la gaze de la fermeté.

H. HORLOGER.

L'Eau, la Terre, l'Air et le Feu ont été employés pour mesurer le temps qui nous échappe. Le soleil marque les heures du jour; mais quand il ne brille pas, on ignorerait l'heure qu'il est, si on n'avait pas trouvé le moyen de les marquer exactement.

Avant que les horloges, les pendules et les montres fussent inventées, on ne connaissait que les cadrans solaires, les sabliers, et les clepsydres ou horloges d'eau.

Le cadran solaire, ou gnomon, est trop connu pour en parler.

Le sablier est composé de deux espèces de petites bouteilles réunies par les goulots, ou formées d'une seule pièce. On met une certaine quantité de sable dedans : il passe par le goulot d'une bouteille dans l'autre; et, suivant la quantité de sable, il est une demi-heure ou une heure à écouler. Quand il est vide d'un côté, on renverse le sablier, et le sable recommence à couler.

L'horloge d'eau est faite à peu près comme le sablier.

Mais toutes ces inventions étaient loin de valoir nos horloges et nos montres. On peut en voir partout, et il est bien plus aisé de s'en faire une idée en les voyant, que d'après une description.

Il y a deux sortes d'Horlogers, ceux qui font les roues, les mouvements d'après le plan qu'on leur a donné, et ceux qui inventent; ces derniers ont besoin d'être instruits, de connaître la mécanique, et de savoir les mathématiques et l'astronomie; c'est à ces connaissances réunies que les Julien, Le Roi et Lepaute doivent leur juste célébrité.

I. IMPRIMEUR en taille-douce.

Comme nous avons donné ailleurs quelques notions sur l'imprimerie en lettres, nous allons expliquer sommairement le procédé de celle en taille-douce.

Un orfèvre ayant gravé sur une pièce d'argenterie plate différents objets, et l'ayant un peu faussée dans le cours de l'opération, s'avisa pour la redresser de l'envelopper de papier, et de lui faire subir une pression considérable. Toute la gravure s'imprima sur le papier, et fit l'effet que produisent à peu près les timbres secs. Il imagina qu'en mettant du noir dans tous les creux, il aurait une représentation de sa gravure. Voilà l'origine de l'impression en *taille-douce*, qui s'exécute sur des planches en cuivre pour les vignettes et estampes, et sur des planches d'étain pour la musique. Dans l'impression en lettres, c'est le relief qui s'imprime, et dans la taille-douce, c'est le creux.

La presse représentée dans la figure ci-contre est composée de deux jumelles de cinq pieds de haut, jointes par des sommiers. Elles sont éloignées l'une de l'autre d'environ vingt-six pouces, posent sur un pied d'où partent quatre espèces de petites colonnes qui portent quatre tringles de bois à coulisses, qui servent à avancer ou reculer la table de la presse, lorsqu'on veut la faire passer entre les deux rouleaux. Ces rouleaux ont trois pieds six pouces de long, y compris les tourillons, et ont six pouces de diamètre; ils portent dans les jumelles; chaque tourillon tourne dans deux boîtes faites en demi-cercle, et garnies de fer poli pour la facilité du mouvement. On remplit le dessus et le dessous avec du carton, afin de les hausser ou baisser à volonté, en sorte qu'il ne reste d'espace entre les rouleaux qu'autant qu'il en faut pour y faire passer la table chargée de la planche que l'on veut imprimer, et du papier et étoffes qui sont nécessaires. A un des tourillons du rouleau d'en haut est attachée la croisée, dont les bras ont environ deux pieds, elle sert à donner le mouvement aux rouleaux, qui le communiquent à la table qui passe entre deux. L'encre est une composition de noir de fumée délayé dans de l'huile de noix cuite.

Lorsqu'on veut imprimer une planche, on prend de l'encre avec le tampon, et on l'enduit suffisamment ; on l'essuie ensuite avec un linge usé et avec la main, de sorte qu'il ne reste de noir que dans les creux de la gravure. On la pose sur la table, et on étend dessus la feuille de papier, qui doit avoir été trempée au moins de la veille. On recouvre cette feuille avec du molleton, et c'est en cet état que l'ouvrier, au moyen de la croisée, fait passer de force la table chargée de la planche entre les deux rouleaux de la presse. Si la planche est grande, l'ouvrier va lever l'estampe derrière la presse ; mais si ce n'est qu'une vignette propre à être mise dans un livre, il tourne sa croisée en sens contraire, ramène la planche devant lui, et lève sa feuille qui est imprimée.

J. JARDINIER.

Si l'on ne cultivait que des fleurs, et si l'on ne cueillait que des fruits, on serait tenté de croire que le jardinage n'est qu'un amusement; mais quand il faut labourer, fumer et arroser la terre, le jardinier qui ne fait que cela du matin au soir, sait seul quelles fatigues on éprouve pour parer et féconder un parterre ou un potager. Ses travaux sont comme ceux du laboureur; ils durent toute l'année, et, s'ils sont un peu moins durs, ils sont aussi infiniment plus minutieux et laissent peu de relâche.

Plusieurs grands hommes, revenus des prestiges de l'ambition, se sont plu à cultiver leurs jardins, mais ils n'en prenaient qu'à leur aise, et c'était alors un plaisir délicieux. Heureux qui cultive en paix, et sans être commandé, un petit carré de terre, et qui se nourrit des fruits et des légumes qu'il ne doit qu'à ses soins! Son repas doit lui être plus agréable que s'il l'avait payé autrement que par ses peines.

Abdolomnye ayant quitté le trône pour cultiver son jardin, n'éprouva jamais autant de chagrin que lorsqu'Alexandre lui fit abandonner ses plantes et ses fruits pour reprendre la royauté.

J. JOUEUR de gobelets.

Le Joueur de gobelets est un homme qui amuse ceux qui sont oisifs, et qui étonne les ignorants.

Placé devant une petite table sur laquelle sont trois gobelets de fer-blanc, une petite baguette à la main, et un tablier à poche devant lui, c'est ainsi qu'il se présente sur les places publiques. Ecoutez-le ; il produit des merveilles, et il ferait volontiers croire qu'il est plus qu'un homme.

Toute sa science cependant se réduit à une grande souplesse dans les doigts et dans les mains. Sans que vous vous en aperceviez, il fait passer d'un gobelet à l'autre de petites et grosses boules : il fait véritablement des choses étonnantes, mais très-naturelles ; et, s'il vous montrait son secret, vous cesseriez d'être surpris.

Nota. Je profiterai de ce que nous disons pour vous recommander de ne jamais vous arrêter devant ces escamoteurs où vous perdez votre temps, et où vous risquez d'être volé par les filous dont ces sortes de personnes sont toujours entourées.

Il y a des hommes qui sont plus adroits ou plus instruits que les autres; mais pas un d'eux ne peut rien faire que ce qui est permis au genre humain en général.

Si l'on voulait vous faire voir en eux des sorciers, des magiciens, dites aux ignorants qui vous parleraient ainsi, qu'ils sont eux-mêmes de vrais imbéciles. Il n'y a ni sorciers, ni magiciens, ni revenants; des livres instructifs, des spectacles merveilleux, tels que la fantasmagorie de Robertson, etc., vous démontreront jusqu'à l'évidence que l'homme ne peut rien produire de surnaturel.

L. LUNETIER.

Remerciez celui qui a inventé les lunettes; il nous a rendu un bien grand service, et surtout ne vous permettez jamais de rire de ceux qui en portent. Elles furent inventées vers l'an 1300 : avant cette époque les hommes perdaient la vue longtemps avant de mourir; alors ils étaient réduits à ne voir que les grands objets, ou à ne voir qu'imparfaitement. On connaissait bien avant cette époque la propriété qu'avaient les verres convexes d'amplifier, mais on n'en avait retiré aucune utilité. On voit avec étonnement qu'il s'est passé plus de 300 ans entre la connaissance des verres concaves et convexes, jusqu'au moment où on les a réunis pour former de grandes lunettes d'approche, telles que les télescopes, qui font voir le soleil, la lune, les étoiles, sous des formes monstrueuses.

Le fils d'un lunetier d'Alcmaer, ville de

la Nort-Hollande, tenant d'une main un verre convexe dont se servent les vieillards, et de l'autre main un verre concave près de son œil, et ayant un peu éloigné le convexe qu'il tenait au-devant dans l'autre main, s'aperçut qu'il voyait le coq de son clocher beaucoup plus gros que de coutume, mais dans une situation renversée : il appelle son père ; celui-ci, frappé de cette singularité, imagine de lier ces verres entre eux, par des tubes emboîtés les uns dans les autres ; et voilà, dit-on, l'origine des lunettes d'approche. D'autres prétendent que les bésicles, ou lunettes à mettre sur le nez, sont de l'invention d'un Florentin nommé Armati, qui vivait au commencement du quatorzième siècle. Quoi qu'il en soit, il n'est pas moins vrai de dire que par l'usage des lunettes la vue du vieillard, à moitié éteinte, se ranime ; celle qui est trop courte devient plus étendue ; et quand nos besoins sont satisfaits, elles contribuent encore à nos amusements, en nous fournissant des *Télescopes, Microscopes,* le *Polémoscope,* les *Lanternes magiques,* les *Chambres obscures,* etc.

MEUNIER.

Un joli moulin bien ombragé par des peupliers, des saules et des aunaies, et placé sur le bord d'une petite rivière, est quelque chose de bien agréable à voir. Le bruit des écluses, celui du tictac du moulin, mêlés aux cris aigus des canards qui nagent sur les eaux, tout porte à mon âme des idées riantes. Je veux m'asseoir à l'ombre, sur le bord de la rivière.

Vous voyez cette grande roue que l'eau fait tourner : eh bien! elle fait tourner d'autres roues qui sont dans le moulin ; ces roues, à leur tour, font tourner la meule, qui est une grande roue de pierre de la forme d'un fromage. Cette meule tourne rapidement sur une autre meule de pierre qui est en repos, et c'est en tournant ainsi qu'elle écrase et moud le blé.

Le blé écrasé et réduit en farine tombe dans un grand coffre qui est couvert d'un tamis ou toile de crin ; ce tamis, sans cesse agité par le morceau de bois qui fait tic-tac, laisse passer la farine dans ce coffre, et rejette le son qui est trop gros dans un sac disposé pour le recevoir. Telle est à peu près la machine si utile qui fait la farine que le boulanger convertit en pain.

Le moulin à vent est fait comme le moulin à eau; la différence est qu'il a de grandes ailes au lieu d'une roue, et que c'est le vent qui les fait tourner.

Il y a des moulins que l'on fait aller par le moyen des hommes ou des chevaux, mais ils donnent beaucoup de fatigues et peu de profit; aussi ne s'en sert-on que dans des extrémités fâcheuses. Nous ne parlerons pas des moulins économiques, où après la moutoure la farine se trouve divisée en diverses qualités : ces objets nous mèneraient trop loin.

N. NAVIGATEUR.

On appelle ainsi celui qui se hasarde dans un vaisseau pour parcourir les mers et découvrir des pays lointains.

Vous savez que la mer est une quantité immense d'eau, et que lorsqu'on est éloigné du rivage, on ne voit plus que le ciel et les flots; jugez donc combien le premier qui s'avisa de traverser cet élément perfide devait être audacieux, surtout dans le temps où la navigation était loin d'être aussi perfectionnée qu'elle est maintenant.

Un vaisseau est une espèce de bateau aussi grand qu'une maison fort grande et à plusieurs étages. Cet édifice qui doit flotter sur les eaux, et qui peut faire le tour du monde, est si compliqué, que je ne puis vous en donner une description. On a bâti dans l'intérieur des magasins, des chambres, des salles; dans certains navires on trouve jusqu'à trois étages. Ces bâtiments portent 100 à 120 pièces de canon, et l'équipage est de 12 à 1500 hommes. Pour remplacer les rames, on a élevé des mâts où l'on attache des voiles; le vent enfle ces voiles, et fait ainsi glisser avec rapidité sur la mer le bâtiment entier.

Comme on est exposé à rester fort long-temps dans le voyage, et qu'alors on est séparé du genre humain, il faut nécessairement prendre des précautions : le pain moisirait, on emporte du biscuit bien sec; on fait provision d'eau douce, parce que celle de la mer est trop amère pour qu'on en puisse faire usage; la viande fraîche se corromprait, on a en place des barils de viandes salées et des légumes secs; enfin on arme bien le vaisseau pour pouvoir se défendre en cas de besoin. Les accidents de mer sont si nombreux que l'histoire en est effrayante. Quand vous aurez lu les malheurs qui assaillirent Colomb, lors de la découverte de l'Amérique, et la fin tragique des infortunés Cook et Lapeyrouse, vous serez étonné que l'on ose encore entreprendre des voyages de long cours.

O. ORFÈVRE.

L'orfèvre est l'artiste qui fait et vend de l'argenterie, tels que des plats, des couverts, des vases, etc.

Un bon orfèvre doit non-seulement savoir couler l'or et l'argent; mais il doit encore savoir le ciseler, le polir, et en faire différents ornements; il faut qu'il sache modeler, et qu'il ait une partie des connaissances nécessaires au sculpteur.

Rien n'est plus brillant que la boutique d'un orfèvre : c'est un amas de richesses; cependant l'orfèvre est loin d'être un homme essentiel à la société, et ce n'est que lorsque l'on a tout ce qui est nécessaire, qu'on s'avise d'aller acheter dans sa boutique.

Le Tailleur et le Cordonnier, bien que dans une situation plus humble, sont plus utiles que lui, parce qu'on se passe fort bien d'argenterie, et qu'on ne peut se passer d'habits ni de souliers.

En vous parlant de l'or, il faut que je vous dise quelques particularités sur ce précieux métal.

Trois cent mille feuilles d'or battu, appliquées les unes sur les autres, ne forment qu'un pouce d'épaisseur. Supposons que chaque feuille ait un pouce carré en surface, chaque côté du carré pourra se diviser en 600 parties, ce qui fait 360,000 petits carrés visibles pour une surface d'un pouce carré. Or, 50 de ces feuilles, d'un pouce en carré, forment le poids d'un grain d'or; d'où il résulte que ce petit solide est divisible en 18 millions de parties visibles à l'œil simple. C'est cette grande expansibilité de l'or qui a fait naître l'art de la dorure, tant sur le bois que sur les métaux. L'argent sur lequel l'orfèvre applique de l'or se nomme vermeil.

P. PEINTRE.

Nous n'entrerons pas dans des détails sur les différents genres de peintures : ils sont trop nombreux; nous ne parlerons que sommairement de cet art charmant, qui peut fixer sous nos yeux les plus belles scènes de la nature, les actions qui honorent l'humanité, et la figure des personnes que nous chérissons le plus. Quand la peinture ne ferait que nous conserver les traits d'un père et d'une mère respectables, ceux d'un ami, d'un époux, d'un frère ou d'une sœur, elle serait encore au nombre des premiers arts.

On ne compte au rang des artistes que les peintres d'histoire ou ceux qui s'adonnent à faire revivre, par le tableau de leurs actions, les hommes qui ont joué un rôle sur la scène du monde. Il y a aussi les peintres de paysages, de portraits, et les peintres en miniature; ceux qui peignent les enseignes et autres objets de ce genre, ne sont que des barbouilleurs.

Q. QUINCAILLIER.

Voulez-vous des couteaux, des ciseaux, des crayons, des peignes, des épingles, des aiguilles, et mille autres choses? allez chez le Quincaillier; sa boutique en est fournie. Il réunit chez lui ce que mille ouvriers différents ont fabriqué; son magasin est comme un réservoir où vient couler l'industrie d'une multitude de personnes, et où une foule de marchands viennent puiser.

R. ROTISSEUR.

Si vous craignez d'être tenté de devenir gourmand, ne mettez pas le pied dans la boutique d'un rôtisseur.

Figurez-vous plusieurs broches qui tournent devant le foyer, plusieurs casserolles qu'on remue sur les fourneaux : une odeur appétissante s'échappe de tous côtés; et comment résister?

La vue est aussi flattée que l'odorat : ici c'est un chapon ou une poularde qui se colore agréablement; là c'est un bon et gros dindon, ou une file de perdrix armées de bardes de lard; ailleurs, c'est une fricassée qui excite les désirs.

Tous ces mets, en aiguisant l'appétit, forcent un estomac à se charger de plus d'aliments qu'il ne lui en faut pour se soutenir : de là les indigestions, les maladies. Souvenez-vous, Enfants, que rien n'est comparable à la sobriété.

S. SERRURIER.

Le métal le plus utile n'est pas l'or qu'on met au premier rang; c'est le fer. Avec le fer on fait une charrue, des outils, des vases, des armes; sans le fer, il y a mille choses nécessaires qu'il nous est impossible de faire.

Sans le fer, aurez-vous un couteau, des ciseaux, une faux, une faucille, une scie, des clous? Sans le fer, pourrez-vous faire un vaisseau? il faudrait donc renoncer à la navigation. Sans le fer, nous serions bien pauvres; et nous ne serions guère moins riches quand nous n'aurions ni or ni argent.

Les ouvriers qui travaillent le fer sont donc de la première nécessité. Nous ne parlerons ici que du Serrurier, que l'on appelle ainsi, parce qu'il fait des serrures.

Le Serrurier doit être le plus instruit de ceux qui mettent le fer en œuvre; il faut qu'il soit mécanicien, et qu'il sache dessiner, pour inventer les ressorts qu'on lui demande, et pour donner de la grâce à ses ouvrages. Dans ce cas, il n'est plus un simple ouvrier, c'est un artiste.

T. TONNELIER.

Les travaux du tonnelier annoncent les vendanges. Lorsque le raisin commence à mûrir, c'est alors qu'il faut faire ou raccommoder les tonneaux : c'est le temps de l'ouvrage.

Vous avez assez vu de tonneaux pour deviner à peu près comment on les fait. Le tonnelier fait encore des seaux, des baquets, des cuves, des barils, et des barattes pour battre le beurre.

U. USURIER.

Sans doute, vous ne savez pas ce que c'est qu'un usurier? Un usurier est un homme qui prête son argent à ceux qui en ont besoin, mais qui le prête à condition qu'on lui donnera de forts intérêts outre la somme qu'il a prêtée.

Il est permis de prêter son argent à un intérêt modéré; dans ce cas, on se rend même utile; mais il n'y a que les avares, les gens sans délicatesse, et, disons-le, sans probité, qui profitent du besoin d'un malheureux, et ne lui prêtent une somme d'argent que pour en retirer une beaucoup plus grosse que celle qu'ils lui ont avancée.

On appelle intétêt ce que l'on exige pour l'argent que l'on a prêté, et les intérêts se comptent par mois ou par an ; c'est-à-dire que, si l'on prête cent francs pour une année, on exige pour l'intérêt de son argent, cinq, dix, vingt ou trente francs, suivant que l'on est plus ou moins avide, plus ou moins honnête homme.

V. VENDANGEUR.

Vive la vendange ! c'est un temps de joie et d'espérance. Dès que le raisin est bien mûr, on se répand dans les vignes, on coupe les grappes, on les met dans un panier qu'on vide dans des hottes ; ces hottes sont à leur tour vidées dans la cuve, qui est comme un demi-tonneau extrêmement grand.

Là, on laisse un peu le raisin se presser sous son propre poids, et ensuite des hommes montent dans la cuve et foulent les grappes pour en faire sortir le vin. Il y a, au bas de la cuve, une cannelle qu'on ouvre ; le vin coule, on le reçoit, et on le met dans des tonneaux, où il fermente et devient tel que nous le buvons.

Le temps des vendanges est comme une

fête : il faut entendre pendant le travail les chansons rustiques des vendangeurs et des vendangeuses ; il faut les voir danser gaîment à la fin de la journée. C'est que le vin inspire la joie ; mais il faut en prendre modérément, pour qu'il fasse plaisir et soit bienfaisant.

V. VINAIGRIER.

Voulez-vous du vinaigre ? qui est-ce qui veut du vinaigre ?

C'est ainsi que crie dans les rues le petit marchand de vinaigre en poussant sa brouette devant lui.

Mais celui qui fait le vinaigre se tient ordinairement dans une boutique ; il vend aussi de la moutarde.

Le mot vinaigre exprime la manière dont il est fait, car si vous en faites deux mots, vous aurez vin aigre, et c'est effectivement en faisant aigrir le vin qu'on produit le vinaigre.

4.

Y. YEUX.

Nous avons cinq sens ou cinq manières d'apercevoir, de sentir tout ce qui nous entoure, et les yeux sont les organes d'un de nos sens.

Nous entendons par nos oreilles ; nous flairons avec notre nez ; nous goûtons avec notre palais, nous touchons avec tout notre corps, mais principalement avec nos mains, et nous voyons avec nos yeux.

Les yeux expriment tout ce qui se passe en nous, nos désirs, nos passions, et c'est pour cela qu'on les appelle miroirs de l'âme.

Nos yeux sont, sans doute, ce que nous devons soigner avec plus de vigilance, car sans leur secours nous serions bien malheureux.

On nomme le médecin des yeux oculiste.

DES ARTS ET MÉTIERS.

Vous avez vu, par la description de quelques arts et de quelques métiers, comment les hommes savent faire servir tout à leur usage. Ce n'est que peu-à-peu que ces arts et ces métiers se sont perfectionnés, et en sont venus au point où nous les voyons.

Quand les hommes étaient encore sauvages, ils étaient forcés de se servir des choses telles que la nature les présentait; alors il n'y avait point de tailleurs, et celui qui avait tué une grande bête, lui ôtait la peau et s'en faisait aussitôt un habit, en la plaçant sans façon sur ses épaules; le seul soin qu'il prenait, était de mettre le poil en dedans pour l'hiver, et en dehors pour l'été. Dans ces temps-là il n'y avait non plus ni boulangers, ni pâtissiers; on mangeait les fruits tels qu'on les cueillait aux arbres, et les racines telles qu'on les arrachait de la terre : souvent même le chasseur dévorait toute crue et moitié vivante la bête qu'il avait prise. On ne connaissait point alors les belles maisons que nous voyons partout; les hommes se contentaient d'un antre ou roche creusée pour demeure; quelquefois on bâtissait une méchante cahutte avec des branches, de la paille et de la boue.

Mais le besoin de se mieux vêtir, de se nourrir plus délicatement, et de se loger avec commodité, amena peu-à-peu les arts et les métiers; et à leur tour, les arts et les métiers adoucirent les mœurs et le caractère des hommes. On ne vit plus de vilains sauvages, couverts d'une peau qui sentait mauvais, mangeant du gland ou de la chair crue, et couchant sur la mousse ou dans la boue : les hommes eurent de beaux et de bons habits, d'excellentes tables, et de belles maisons où l'on ne craint pas l'hiver. Tels sont les bienfaits des arts et des métiers.

Vous voyez par là combien il est important de s'instruire, et de savoir ou un art ou un métier pour être utile à ses semblables.

DE LA MONNAIE D'OR

ET D'ARGENT.

Quand les hommes étaient grossiers et ignorants, comme nous l'avons, dit, ils échangeaient entre eux ce qu'ils avaient de trop pour avoir ce qui leur était nécessaire : ainsi celui qui avait plusieurs peaux allait trouver celui qui avait beaucoup de fruits ou de grains et lui disait : Donne-moi des fruits ou du grain pour manger, et je te donnerai des peaux pour te vêtir. C'est ainsi qu'on achetait et qu'on vendait alors.

On sentit bientôt combien il était difficile de se procurer par ce moyen tout ce dont on avait besoin ; on imagina quelque chose qui pût tenir lieu de fruits, de grains ou de peaux, c'est-à-dire, que l'on fit la monnaie; d'abord elle fut en cuir, en pierre, en coquillage, etc. Ensuite, pour former cette monnaie, on prit les métaux les plus précieux, le cuivre, l'argent et l'or. On en fit des pièces rondes, qu'on appela écus, francs, tout comme l'on voulut.

Ces écus facilitèrent bien mieux les marchés; on ne porta plus ses peaux ou ses étoffes pour les échanger contre autre chose, on les vendit pour de l'argent, et avec cet argent on eut tout ce qu'on désira.

Si on avait toujours fait des échanges, voici ce qui serait arrivé : j'aurais été, je suppose, avec des habits chez le Boulanger pour avoir du pain; le Boulanger m'aurait répondu : je n'ai pas besoin d'habits, j'en ai plusieurs, je veux un chapeau. Pour ôter cette difficulté, je lui donne de l'argent; je reçois en échange du pain; le Boulanger, avec l'argent qu'il a reçu, achète un chapeau; le chapelier achète des souliers ; le cordonnier paie le loyer de sa demeure, et ainsi de suite.

Vous comprenez par là de quelle utilité sont pour les hommes l'or et l'argent.

FIN.

IMPRIMERIE DE J.-B. GROS RUE DU FOIN-SAINT-JACQUES, 18.

www.ingramcontent.com/pod-product-compliance
Lightning Source LLC
Chambersburg PA
CBHW060936050426
42453CB00009B/1025